Pippo und Nicki

strengen sich mächtig an bei ihrem Kunstwerk.
Doch nur einer hat den Elefanten wirklich gezeichnet.

Lösung:
Nicki hat den
Elefanten gemalt.

Mit nur einem **Ruder** kommt Thorsten nicht so recht vorwärts. Kannst du ihm **helfen** das **Zweite** zu finden?

Lösung:
Rechts auf der Luftmatratze liegt das zweite Ruder.

Gitter-Rätsel

Bei diesem Rätsel werden die Wörter bei den entsprechenden Zahlen in die Kästchen eingetragen.
Ob waagerecht oder senkrecht, das musst du selbst entscheiden.

Lösung: 1. Kutsche, 2. Ente, 3. Sueden, 4. Dackel, 5. Floete, 6. Sichel, 7. Schuessel/Saege, 8. Senf, 9. Leiter, 10. Rad, 11. Giraffe.

Schiffe versenken

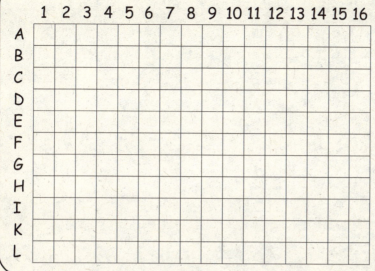

Spieler 1

Jeder Spieler hat gleich viele Schiffe. Die Schiffe sind unterschiedlich lang. Z.B. 2 Schiffe über 2 Kästchen, 4 Schiffe über 3 Kästchen ... Das bestimmt ihr selbst. Die Schiffe können waagerecht und senkrecht liegen. Jeder Spieler verteilt seine Schiffe auf dem oberen Feld, so dass der andere sie nicht sieht. Jetzt ratet ihr gegenseitig, wo sich die Schiffe des anderen befinden. Spieler 1 fragt z.B.: „B4"? ...

Fortsetzung nächste Seite

Schiffe versenken

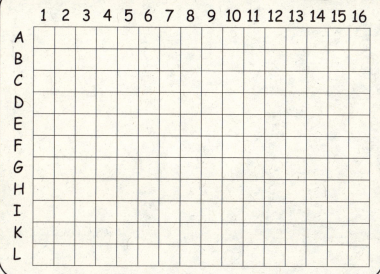

Spieler 2

Sitzt auf B4 kein Schiff, antwortet Spieler 2 mit: „Wasser" und zeichnet an der Stelle ein Kreuz ein, Spieler 1 zeichnet auf seiner unteren Fläche ebenfalls ein Kreuz ein. Ist dort aber ein Schiff, sagt man: „Treffer" und zeichnet einen Punkt ein. Bei Treffer darf man so lange weiterfragen, bis der andere wieder „Wasser" sagt. Gewonnen hat, wer zuerst alle Schiffe versenkt hat.

Buchstabensalat

In dieser Grafik sind englische und deutsche Wörter versteckt. Sie können in jede Richtung laufen, auch diagonal, rückwärts oder von unten nach oben.

ACH, APRIL, ARCHE, AUGEN, BIENE, DELFIN, EDAMER, EISENBAHN, ENTE, EVA, FAHNE, FEE, HER, HEU, HIN, KAIN, LEER, LEO, NIE, NOAH, NOT, OBEN, OBST, OEL, ONE, REIN, RICH, ROSA, SAHNE, SCHNEE, SHE, STUTE, TWO, UHR, UND, ZOPF.

N	S	Y	N	D	H	R	D	Y	S	H	E
E	I	S	E	N	B	A	H	N	F	C	S
H	H	A	U	U	F	R	O	S	A	A	F
C	E	H	K	H	P	E	E	N	H	C	S
R	R	N	E	B	O	M	T	E	N	T	E
A	V	E	E	A	Z	A	U	G	E	N	O
N	I	H	P	I	N	D	T	V	O	N	G
R	I	R	O	I	B	E	S	T	S	B	O
N	I	F	E	E	O	E	L				
L	A	C	L	I	L	T	U				
I	O	X	H	E	N	W	H				
H	L	E	E	R	D	O	R				

Ratefuchs

Punktmalrätsel

Im Urlaub kommt so manches abhanden.
Was haben die Touristen hier auf dem Bazar
schon alles verloren?

Lösung: Halskette, Handtasche, Damenhut, Flasche, Koffer, Fernglas, Hut, Brille, Schlüssel, Buch, Apfel, Uhr, Schuh.

Findest du die sieben **Veränderungen** im unteren Bild?

Lösung: 1. Der linken Blume fehlt das Gesicht, 2. oben rechts fehlt ein Schmetterling, 3. rechts im Bild fehlt eine Tulpenblüte, 4. eine Querverstrebung des Verkaufstischs fehlt, 5. ein Knopf von der Bluse fehlt, 6. bei der rechten Socke fehlt das Bündchen, 7. dem Vogel auf dem Hut fehlt eine Schwanzfeder.

☼ AB🐱CD🦆431 👧56Y👜OP⛵NJ❀

Der kleine Indianer Waches Auge kommt spät nach Hause. Es ist schon dunkel geworden. Aber wenn er bei jeder Abzweigung links abbiegt, kommt er beim richtigen Zelt an.

In welchem Zelt wohnt er?

Lösung:
Waches Auge wohnt im untersten Zelt.

Bildgruppen

Die rechts gezeigten vier Bildgruppen sind Ausschnitte aus der großen Tafel. Es kann in allen Richtungen gesucht werden: waagerecht oder senkrecht, von unten nach oben, von links nach rechts oder diagonal.

Lösung:

Kreuzwort-Rätsel

Einfach die Begriffe für die Bilder bei der entsprechenden Zahl eintragen. Und los geht's!

Lösung: 1. Maikäfer, 2. Schaf, 3. Affe, 4. Sack, 5. Kaffee, 6. Karaffe, 7. Telefon, 8. Nase, 9. Tor, 10. Fenster, 11. Rad, 12. Käse, 13. Koffer.

Master Mind

Findet die richtige Farbenreihe. In den ersten fünf Reihen sind alle Farben vorgegeben. Die sechs Spielfarben sind: grün, rot, gelb, blau, schwarz und weiß. Die Lösung kann jede mögliche Kombination aus diesen sechs Farben sein. Eine Farbe kann auch öfters vorkommen.

Die rechte Spalte „Chiffrierstifte" hat folgende Bedeutung: ein schwarzer Stift (S) zeigt an, dass sich eine richtige Farbe an der richtigen Position befindet. Ein weißer Stift (W) bedeutet: die richtige Farbe, aber an der falschen Position. Ein Punkt (.) = kein Stift, d. h.: falsche Farbe. Mit Hilfe der ersten fünf Reihen könnt ihr die sechste Reihe erraten.

Codestecker				Chiffrierstifte
Schwarz	Weiß	Schwarz	Grün	WW..
Blau	Grün	Schwarz	Gelb	SS..
Schwarz	Grün	Rot	Weiß	WS..
Schwarz	Grün	Schwarz	Blau	S...
Weiß	Blau	Grün	Gelb	SSS.
				SSSS

Codestecker				Chiffrierstifte
Weiß	Rot	Schwarz	Grün	SW..
Schwarz	Rot	Grün	Gelb	SS..
Schwarz	Grün	Weiß	Rot	WW..
Rot	Grün	Schwarz	Schwarz	WS..
Weiß	Grün	Schwarz	Blau	WS..
				SSSS

Lösung oben: 1. Weiß, 2. Grün, 3. Grün, 4. Gelb
Lösung unten: 1. Rot, 2. Rot, 3. Grün, 4. Blau

Endlich Ferien!

Steinzeitmensch **Steinchen** und seine Freunde genießen jeden Tag.
Farbig würde das Bild allerdings noch **fröhlicher** aussehen.
Male es doch einfach an!

Buchstabensalat

In dieser Grafik sind englische und deutsche Wörter versteckt. Zwei italienische Wörter haben sich auch hineingemogelt. Sie können in jede Richtung laufen, auch diagonal, rückwärts oder von unten nach oben.

ALU, DUE, EGG, ERDE, EVA, FEE, FEUER, GENUG, HAI, HANS, HIMMEL, HIN, JANUAR, KAROTTE, KURZ, LEDER, LEO, MEGASTAR, MONTAG, NEU, NIE, ONE, ORT, PFENNIGE, PLZ, QUARK, SHE, SKY, STERNE, STIER, STUTE, SUED, TEER, TOM, TRE, WEG.

Z	C	R	J	A	N	U	A	R	S	R	G
E	D	R	E	V	F	F	E	E	H	G	Q
D	M	R	W	E	G	I	N	N	E	F	P
H	U	H	U	A	T	R	L	S	U	E	D
H	A	E	T	S	E	M	G	E	I	Y	K
I	R	N	P	T	A	E	O	N	D	A	O
M	O	L	S	Q	N	G	N	T	R	E	X
M	Z	Q	E	U	L	A	S	O	L	V	R
E	W	R	G	A	T	S	T				
L	T	H	U	R	Y	T	U				
B	I	I	O	K	E	A	T				
V	K	N	S	H	N	R	E				

Rebus

Lösung: Unkraut vergeht nicht.

Lösung: Sauer macht lustig.

Lösung: Not macht erfinderisch.

Punktmalrätsel

Gesucht werden Comic-Figuren

„Der Schreckliche" lebt in einer längst vergangenen Zeit, wo er mit dem Schwert in der Hand seinen Mann steht. Als Ehemann ist er nicht so mutig und tapfer wie wenn es um sein Volk geht. Wer wird hier gesucht?

Lösung: Hägar

Seit einigen Jahrzehnten spielen sie sich gegenseitig trickreich und mit Schadenfreude Streiche. Aber gegen Hunde und andere Gefahren kämpfen sie gemeinsam. In ihrem langen Comic-Leben heimsten sie zahlreiche Oscars ein. Wie heißen die beiden?

Lösung: Tom und Jerry

Hier in den Alpen ist Hochsaison! Doch **10** Dinge sind schlicht

erstunken und erlogen.

Die gibt es selbst in den Alpen nicht. Findest du sie?

Lösung: 1/2a (Adler mit Baby), 1b (Gämse beim Klettern), 2c (Taucher mit Eier), 4a (so nistet kein Storch), 4c (Kamel), 4f (auf einer Ziege kann man nicht reiten), 5abc (auch moderne Kühe fahren nicht Lift), 5f (Palmen), 7d (so melkt man keine Ziege), 8e (Murmeltier mit Pfeife).

Kabelsalat

Welchen Stecker musst du einstecken, damit die Lampe brennt?

Lösung: Stecker Nr. 3

Schnecken im Salat

In unserem Salatbeet tummeln sich einige Schnecken, die hier gar nichts zu suchen haben. Wie viele entdeckt ihr?

Lösung: *Es haben sich 26 Schnecken versteckt.*

Gitter-Rätsel

Tragt die Begriffe für die Bilder bei den dazugehörigen Zahlen in die Kästchen ein. Ob waagerecht oder senkrecht – das müsst ihr selbst entscheiden.

Lösung: 1. Tor, 2. Note, 3. Sessel/Sombrero, 4. Riegel, 5. Bildhauer/Bier, 6. Brezel, 7. Erdbeere, 8. Dachs, 9. Hummel.

Lexikon-Quiz

Bei diesem Quiz sind verschiedene Fremdwörter zu erraten. Zu jedem Begriff sind verschiedene Erklärungen vorgegeben, von denen nur eine richtig ist. Findest du sie? Ihr könnt euch auch gegenseitig fragen.

Xylophon:
1. Schlaginstrument
2. Trockenpflanze
3. Chemische Verbindung
4. Griechischer Historiker

Tenor:
1. Baustoff
2. Hohe Männerstimme
3. Griechischer Männername
4. Sportsegelboot

Souvenir:
1. Gepäckträger
2. Französische Stadt
3. Kleines Geschenk
4. Kellergeschoss

Monolog:
1. Messgerät
2. Augenglas für nur ein Auge
3. Denkmal
4. Selbstgespräch

Hooligan
1. Indianerstamm
2. Armenhaus
3. Randalierer
4. Römischer Gott

Python
1. Riesenschlange
2. Farbstoff
3. Fluss in China
4. Großer Pickel

Avocado
1. Rechtsanwalt
2. Stierkämpfer
3. Birnenförmige Frucht
4. Japanischer Kampfsport

Komet
1. Stadt in Ägypten
2. Bote
3. Tiefe Bewusstlosigkeit
4. Schweifstern

Lösung: *Xylophon = Schlaginstrument, Tenor = hohe Männerstimme, Souvenir = kleines Geschenk, Monolog = Selbstgespräch, Hooligan = Randalierer, Python = Riesenschlange, Avocado = birnenförmige Frucht, Komet = Schweifstern.*

Ausmalbild

Wenn du hier alle Felder, die nur **einen Punkt** haben, ausmalst, erhältst du ein schönes **Motiv**.

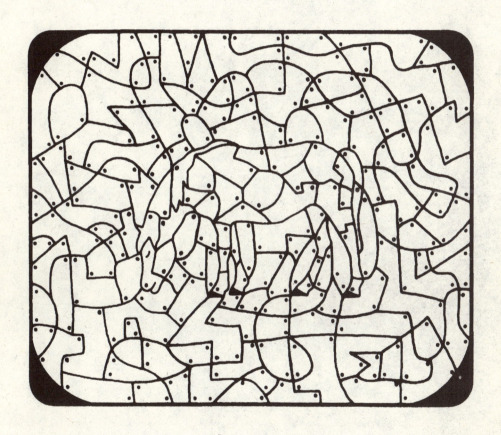

Buchstabensalat

In dieser Grafik sind englische und deutsche Wörter versteckt. Ein italienisches Wort ist auch dabei. Sie können in jede Richtung laufen, auch diagonal, rückwärts oder von unten nach oben.

ANTWORT, ANZUG, AUS, BANANE, BAUM, BIG, EIS, EURO, FEE, FLUT, GARAGE, GLAS, GREAT, HAI, JULI, JUNI, KREIS, KUH, LEO, LILA, MAUS, MINI, MUND, NEU, NIE, OBEN, OFEN, ONE, OPA, PFERD, PIPPI, PLUS, PONY, SUN, TRE, TWO, UNFUG, UNO, USA.

I	A	H	I	M	Y	A	U	O	E	E	J
I	L	U	J	N	A	S	R	E	I	E	G
U	P	K	O	L	I	U	X	L	N	F	F
E	I	P	I	B	E	M	S	A	U	V	E
N	F	L	I	N	O	I	N	P	J	B	A
E	T	G	E	P	E	A	G	F	L	U	T
B	R	F	A	R	B	U	U	D	N	U	M
O	O	K	K	R	Z	P	F	E	R	D	S
M	W	S	U	N	A	D	N				
U	T	T	A	E	R	G	U				
A	N	O	N	L	R	M	E				
B	A	O	J	L	G	T	P				

Ratefuchs

Lösung: Nr. 3 hat einen Gummifisch, die Schuppen laufen in die falsche Richtung.

Lösung: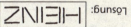

Lösung: 1D, 2F, 3A, 4E, 5C, 6B.

Punktmalrätsel

Was esse ich gerne?

Eichhörnchen Fips hat eine Lieblingsspeise. Das Wort ist einige Male in diesem Buchstaben-Wirrwarr versteckt. Welches Wort ist es und wie oft ist es hier enthalten?

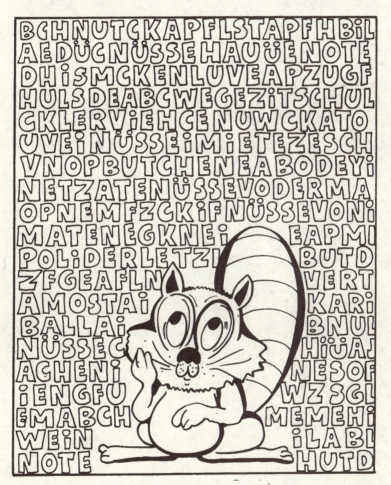

Lösung: Nüsse, dieses Wort ist siebenmal versteckt.

Entenmarsch

Die kleine Ente Anna weiß Bescheid. Aber wisst auch ihr, wie viele Enten unten aufmarschiert sind?

Lösung: Anna hat 10 Enten gezählt. Ihr auch?

Fröhliche Angler

Das ist ja wohl eine lustige Gesellschaft! Aber so richtig Grund zur

Freude hat eigentlich nur ein Angler.

Wer hat den **Fisch** am Haken?

Lösung: B fängt 3.

Hundeschau

Die schönsten Mischlings-Hunde werden hier vorgestellt. Jeder möchte prämiert werden. Aber nur einer kann gewinnen – und gewonnen hat der kleine Hund links unten in dem Kasten. Wo ist er auf dem Bild?

Lösung: *Am rechten Bildrand, ungefähr in der Mitte, befindet sich der Gesuchte.*

Kreuzwort-Rätsel

Einfach die Begriffe für die Bilder bei der entsprechenden Zahl eintragen. Viel Spaß!

Lösung:
1. Segelboot, 2. Pfeil, 3. Kaefer, 4. Gaemse, 5. Esel, 6. Fernseher, 7. Pfeife, 8. Roller, 9. Kiste, 10. Tiger, 11. Nase, 12. Ei, 13. Blume, 14. Tonne, 15. Tube.

Stadt Land Fluss

Stadt	Land	Fluss	Vorname	Tier

Stadt	Land	Fluss	Vorname	Tier

Ausmalbild

Spatzenplatz

Dieser Platz ist berühmt für seine vielen Spatzen. Sind es 20, 38, 52 oder 70 Spatzen? Und welche Vögel gehören nicht dazu?

Lösung: Es sind 52 Spatzen. Der Hahn und die Ente gehören nicht dazu.

Rebus

Lösung: Zeichentrickfilm.

Lösung: Schau in die eigene Schüssel.

Lösung: Probieren geht über studieren.

Punktmalrätsel

Inselrätsel

Lisa ist zwischen den **dänischen Inseln** herumgerudert. Dabei hat sie sich **verirrt** und findet ihre **Ferieninsel** nicht wieder. Hilfst du ihr beim Suchen?

Ein Tipp: Es gibt auf der Insel ein Haus, zwei Pappeln, eine Fahnenstange mit der dänischen Fahne, und im Hafen liegt ein Segelboot.

Lösung: *Die Insel ganz rechts in der Mitte.*

Zum Bauer gehört die Mistgabel.

Welcher Gegenstand gehört zu den anderen Figuren? Ordne jeden Gegenstand einer Figur zu, bzw. zu jedem Buchstaben gehört eine Zahl.

Lösung: 1F, 2T, 3O, 4N, 5R, 6H, 7P, 8M, 9S, 10Q, 11L, 12I, 13A, 14K, 15E, 16J, 17G, 18B, 19D, 20C.

Mauswanderung

Die Feldmaus möchte ihren Freund in der Stadt besuchen. Doch Vorsicht, da lauert schon die Katze ... Welcher Weg ist der richtige?

Lösung: Die Maus muss beim ersten Eingang ganz links losgehen.

Blumen und Schmetterlinge

Hier wimmelt es nur so von Schmetterlingen.
Wie viele könnt ihr entdecken?

Lösung: *Es sind 14 Schmetterlinge.*

Gitter-Rätsel

Tragt die Wörter, die zu den Bildern passen, bei den gleichen Zahlen in die Kästchen ein. Ob waagerecht oder senkrecht – das müsst ihr entscheiden.

Lösung: 1. *Fliegen*, 2. *Ampel/Aquarium*, 3. *Palette*, 4. *Mueller*, 5. *Fratze*, 6. *Zelt*, 7. *Ten*, 8. *Pudel/Pokal*, 9. *Dach*, 10. *Oma*, 11. *Acht*.

Vorsicht Scherzfragen

Wann sagt ein **Chinese**: „Guten Morgen?"

Wenn er Deutsch gelernt hat.

Warum lachen die **Liliputaner** immer beim **Fußball** spielen?

Weil das Gras unter den Achseln so juckt.

Warum summt die **Biene**?

Weil sie den Text vergessen hat.

Was macht man, wenn man in der **Wüste** eine **Schlange** sieht?

Man stellt sich hinten an.

Was steht auf der **Wiese**, ist blau und macht „quak"?

Eine Kuh im Trainingsanzug mit einem Sprachfehler.

Zwei **Architekten** wollen ein Haus bauen. Womit fängt **jeder** an?

Das Wort jeder fängt mit „j" an.

Was für eine Haarfarbe hatten die **alten Römer**?

Grau oder weiß, es waren ja alte Römer.

Ausmalbild

Pilzesuchen macht Spaß. Allerdings ist diesen Sammlern das Messer abhanden gekommen. Findest du es? Übrigens in Farbe sieht das Bild viel schöner aus. Male es doch einfach an.

Lösung: Das Messer ist zwischen den Fliegenpilzen und dem Korbhenkel.

Buchstabensalat

In dieser Grafik sind englische und deutsche Wörter versteckt. Es haben sich auch zwei italienische Wörter eingeschlichen. Sie können in jede Richtung laufen, auch diagonal, rückwärts oder von unten nach oben.

ARMUT, BIG, BRAND, BRILLE, BROMBEERE, CAT, DAY, DOG, DUE, EBER, EGG, ENTE, ERDE, ESEL, EURO, EVA, KERZE, LAUB, LEO, LID, MAI, NEST, NOT, OBER, OBST, OEL, ONE, ORT, RINDER, ROM, ROT, STERNE, STOP, TARZAN, TRE, TRESOR, TWO, UND, UNO, WEG.

E	E	A	G	S	C	D	T	R	R	G	L
H	N	O	T	Q	B	B	O	E	O	E	B
L	R	O	S	E	R	T	H	D	O	P	U
T	P	C	E	A	O	U	U	N	L	Z	A
F	A	B	N	O	M	O	N	I	X	E	L
T	I	D	E	E	B	G	D	R	B	E	O
G	A	L	D	S	E	E	G	E	S	W	N
Y	E	R	T	O	E	N	R	E	T	S	U
U	E	W	Z	Z	R	V	L				
T	U	M	R	A	E	U	A				
O	D	E	A	E	N	T	E				
Q	K	B	R	I	L	L	E				

Ratefuchs

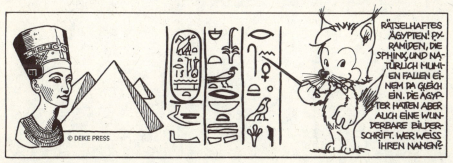

Punktmalrätsel

Verkehrschaos

Die Ampel ist ausgefallen – eigentlich sollte hier ein Polizist den Verkehr regeln. Wo ist er nur?

Lösung: Wenn ihr das Bild auf den Kopf stellt, seht ihr ihn rechts in der Bildmitte.

☼ AB 🐱 CD 🐦 431 👧 56Y 🎒 OP ⛵ NJ ❀

Der Löwenbändiger

Man muss schon genau hinsehen, aber hier haben sich beim Kopieren acht Fehler eingeschlichen.

Lösung: *Eine Augenfalte ist kürzer, rechts ist ein Barthaar zu viel, im Ohr fehlt die Schnecke, ebenfalls die Unterlippe, unter dem Ohr ist ein Stück der Mähne zu viel, die Maus hat einen Strich am rechten Ohr, an der oberen Mähne ist ein Härchen zu viel, an der rechten Backe fehlt ein Pünktchen.*

Es spukt im alten Haus

Welchen Weg muss das Gespenst laufen, um auf einem Rundweg alle Kreisgesichter zu treffen?

Lösung:
Das Gespenst muss den obersten Eingang benutzen und dann bei jeder Abzweigung immer rechts abbiegen, oder beim mittleren Eingang immer links abbiegen.

Heute ist **Sackhüpfen** bei Müllers im **Garten.** Streicht alle doppelten **Buchstaben** durch und ihr könnt an den übrigen ablesen, was **Lisa** gewinnen will.

Lösung: Lisa möchte ein Eis gewinnen.

Kreuzwort-Rätsel

Einfach die Begriffe für die Bilder bei der entsprechenden
Zahl eintragen. Und los geht's!

Lösung: 1. Fernseher, 2. Giesskanne, 3. Zwerg, 4. Kuerbis, 5. Antenne, 6. Sessel, 7. Arche, 8. Ente, 9. Haken, 10. Klee.

Käsekästchen

Dieses Spiel könnt ihr zu zweit oder mit mehreren Kindern spielen. Die karierte Fläche ist das Spielfeld (es kann natürlich auch kleiner gemacht werden). Der erste Spieler zieht nun eine Seitenwand eines Quadrats nach, darauf folgt der zweite. Wer es schafft, die letzte Seite eines Quadrats zu schließen, darf es mit seinem Symbol (z. B. Kreis oder Kreuz) kennzeichnen und einen weiteren Strich malen. Wer am Schluss die meisten Kästchen mit seinem Symbol hat, ist Sieger.

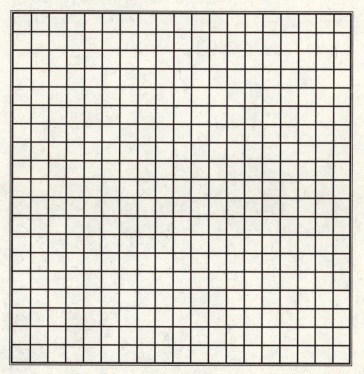

Katzenplatz

11 Katzen und einige Kisten warten darauf, von dir *angemalt* zu werden. Viel Spaß!

3 Tiere auf dem Bild gehören übrigens ins Wasser.

Lösung: Der Tintenfisch links unten, der Fisch rechts und die Muschel links.

Buchstabensalat

In dieser Grafik sind englische und deutsche Wörter versteckt. Ein italienisches Wort hat sich auch eingeschlichen. Sie können in jede Richtung laufen, auch diagonal, rückwärts oder von unten nach oben.

ARZT, ASS, BAUM, BIG, BLEI, BREI, BROMBEERE, BROT, EGG, EIS, FEE, GUT, KATER, KREIS, LEO, MAERZ, MARIONETTE, MINI, NASS, NENNER, NEU, NIE, OBEN, OBER, OEL, OMA, ONE, PENNEN, RABEN, ROETELN, SIEBEN, SOHN, STUTE, TOASTBROT, TRE, WEG.

A	Z	R	E	A	M	U	A	B	K	S	S
M	S	T	O	A	S	T	B	R	O	T	T
O	E	I	E	R	B	O	R	G	Z	U	B
L	T	R	E	B	O	R	O	O	G	T	P
R	T	O	K	B	Y	B	M	B	F	E	E
O	E	E	S	B	E	R	B	E	N	H	D
L	N	T	L	O	A	N	E	N	N	E	R
D	O	E	A	B	H	O	E	K	Z	B	U
X	I	L	E	K	W	N	R				
K	R	N	B	G	O	E	E				
A	A	M	I	N	I	E	G				
Y	M	B	S	S	A	N	S				

Rebus

Lösung: Worte haben Flügel.

Lösung: Fußballweltmeisterschaft.

Lösung: Sonnenfinsternis.

Punktmalrätsel

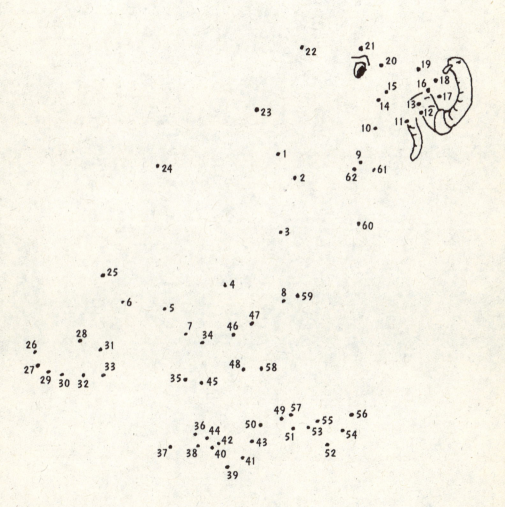

Doppel-Wort

Hier wurden Begriffe gezeichnet, die aus zwei Wörtern zusammengesetzt sind. Erkennst du sie?

Lösung: Ohrwurm

Lösung: Fingerhut

Lösung: Korkenzieher

Lösung: Mauerblümchen

Hauptprobe

Einiges läuft bei diesem Theaterstück noch schief. Was alles nicht dazu passt, sollst du erraten. Da kann man nur hoffen, dass bis zur Aufführung alles klappt.

Lösung: Der Drachen links oben, Maus, Specht am Vorhang, Tennisspieler, Katze als Souffleuse, eine Schauspielerin hat vier Arme, Blumengeige, ein Musikant spielt Ball, ein Zylinder liegt rum, der Dirigent hat die Krawatte eines Zuschauers in der Hand.

Feuer!!!

Die Kanone des Piraten ist ziemlich eigenwillig. Nicht ein gerader Schuss kommt aus dem Rohr. Mit welchem Schuss wurde die Kugel auf dem Bild abgefeuert?

Lösung: Die Kugel wurde beim dritten Schuss abgefeuert.

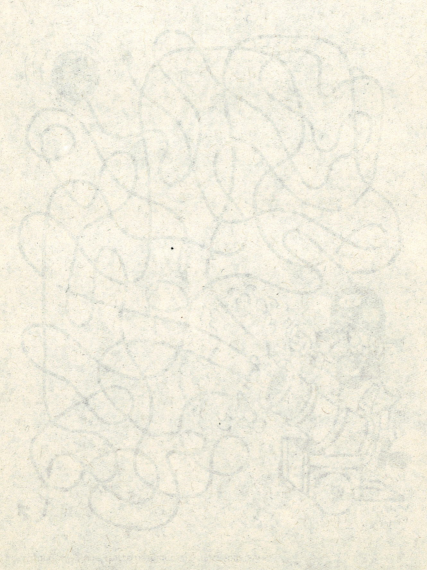

Findet heraus, was die **Bilder** darstellen. Die Anfangsbuchstaben dieser Bildwörter nennen eine **süße Sache**. Den Wortanfang müsst ihr selbst suchen, und es wird im Uhrzeigersinn gelesen.

Lösung: Honig

Treppen-Rätsel

Findet heraus, was die Bilder bedeuten und tragt die Wörter bei den Zahlen in die Kästchen ein. Der Endbuchstabe eines Wortes ist zugleich der Anfang des folgenden. Einfach in der nächsten Zeile weiterschreiben. Ist alles richtig ausgefüllt, nennen die Punkte-Kästchen eine italienische Stadt in der Landessprache.

Lösung: 1. Ei, 2. Imker, 3. Reineke, 4. Eidechse, 5. Elefant, 6. Turm, 7. Mohn, 8. Nessie, 9. elf, 10. Fackel, 11. Lampion. – MILANO

Für kluge Köpfe

Ein Mitspieler sagt:

Ich möchte 8 Hunderassen

Der andere muss so lange überlegen, bis er 8 hat.
Vielleicht ist ja noch jemand in der Nähe, der mitraten kann.
Dann darf der andere sich eine Frage ausdenken.

Hier noch ein paar Vorschläge:

10 Kleidungsstücke

5 Greifvögel

6 Insekten

12 Berufe

9 Städte

8 Bäume

11 Automarken

7 Sportarten

Ausmalbild

Steinzeitmensch **Steinchen** ist ein wahrer Meister im Kamel-reiten. Wenn du das Bild noch **farbig** machst, sieht es bestimmt schöner aus.

Buchstabensalat

In dieser Grafik sind englische und deutsche Wörter versteckt. Sie können in jede Richtung laufen, auch diagonal, rückwärts oder von unten nach oben.

ACH, ARZT, BABY, BESTECK, BIBEL, BLOND, BLUME, BOOT, BREI, BROT, CAT, EBBE, ETWA, HOT, JULI, JUNI, KUH, MAI, MAX, NOAH, NORD, OMA, OPA, PFERD, POOR, RICH, ROESCHEN, SHE, TWO, UHR, USA, ZOPF.

T	F	T	W	U	Q	E	M	D	G	F	T
E	Z	O	H	M	U	S	A	R	M	A	I
N	O	R	D	B	E	S	T	E	C	K	H
Q	Y	B	A	B	B	E	B	F	T	E	T
D	K	J	X	J	L	Z	O	P	F	W	J
I	N	U	J	A	U	B	O	S	O	P	A
B	T	O	H	E	M	L	T	H	S	M	I
P	R	A	L	B	E	R	I	E	O	D	F
L	O	E	O	B	A	I	G				
N	R	O	I	E	V	C	X				
N	C	B	R	I	Y	H	H				
N	E	H	C	S	E	O	R				

☼ 🦆 ☼ Ratefuchs ☼

Lösung: 1D, 2C, 3B, 4E, 5A.

Lösung: 1B, 2A, 3D, 4C.

Lösung: Es sind 13 Möwen.

Punktmalrätsel

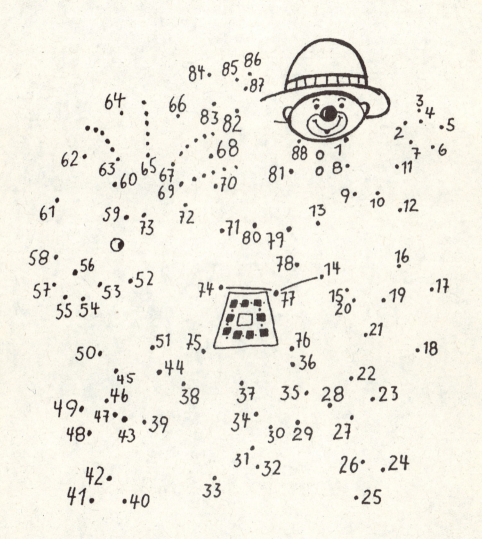

Gut versteckt

Ein ziemliches Durcheinander herrscht auf den Bildern, die **Viktor** und **Valentin** hier zeigen. Nur ein Gegenstand ist auf allen beiden Seiten enthalten.

Lösung: Der Apfel ist auf beiden Bildern.

Andere Länder, andere Tiere

Die Herren unten suchen ihre Reit- oder Lasttiere.
Wer weiß, welches Tier zu wem gehört?

Lösung: A-6, B-2, C-5, D-1, E-3, F-4.

Irrgarten

In der Mitte des Irrgartens befindet sich ein besonderer Aussichtspunkt. Doch dorthin zu gelangen ist nicht einfach. Nur ein einziger Weg führt genau dort hin, alle anderen enden in einer Sackgasse oder führen einfach wieder aus dem Irrgarten hinaus.

Lösung:
Der Eingang, der zum Aussichtspunkt führt, befindet sich oben rechts neben N.

Katzen und Mäuse

mochten sich noch nie. Beide kommen auf unserem Bild aus unterschiedlichen Orten. Diese beiden Orte sollt ihr erraten. Die Buchstaben auf den Tunneln mit den Sicherheitstüren ergeben von oben nach unten gelesen den Ort der Mäuse an. Dann weißt du auch gleich, wie der Ort heißt, in dem die Katzen wohnen.

Lösung: Die Mäuse kommen aus Mausitz, die Katzen aus Katzow.

Kreuzwort-Rätsel

Bei diesem Rätsel werden die Wörter bei den entsprechenden Zahlen in die Kästchen eingetragen.

Lösung: 1. Schwan, 2. Tomate, 3. Gurke, 4. Baer, 5. Kuh, 6. Torte, 7. Karotte, 8. Zelt, 9. Stern, 10. Ofen, 11. Aale, 12. Liebe, 13. Ratte, 14. Elefant, 15. Libelle, 16. Affe, 17. Antenne, 18. Tanne.

Schiffe versenken

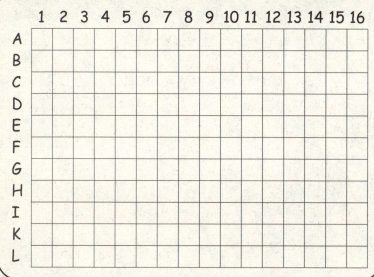

Spieler 1

Jeder Spieler hat gleich viele Schiffe. Die Schiffe sind unterschiedlich lang. Z.B. 2 Schiffe über 2 Kästchen, 4 Schiffe über 3 Kästchen ... Das bestimmt ihr selbst. Die Schiffe können waagerecht und senkrecht liegen. Jeder Spieler verteilt seine Schiffe auf dem oberen Feld, so dass der andere sie nicht sieht. Jetzt ratet ihr gegenseitig, wo sich die Schiffe des anderen befinden. Spieler 1 fragt z.B.: „B4"? ...

Fortsetzung nächste Seite

Schiffe versenken

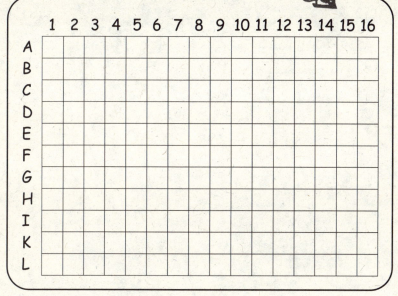

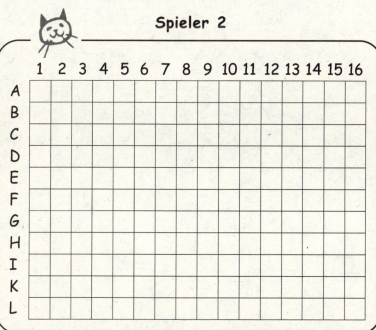

Sitzt auf B4 kein Schiff, antwortet Spieler 2 mit: „Wasser" und zeichnet an der Stelle ein Kreuz ein, Spieler 1 zeichnet auf seiner unteren Fläche ebenfalls ein Kreuz ein. Ist dort aber ein Schiff, sagt man: „Treffer" und zeichnet einen Punkt ein. Bei Treffer darf man so lange weiterfragen, bis der andere wieder „Wasser" sagt. Gewonnen hat, wer zuerst alle Schiffe versenkt hat.

Auf einen Blick

Versuch zuerst einmal zu schätzen, wie viele Gläser wohl in diesem Schrank stehen. Dann kannst du nachzählen, ob du richtig gelegen hast.

Lösung: Es stehen 19 Gläser im Schrank. Links 10 und rechts 9.

Rebus

Lösung: Über Berg und Tal.

Lösung: Sondergenehmigung.

Lösung: Neun Leben hat die Katze.

Punktmalrätsel

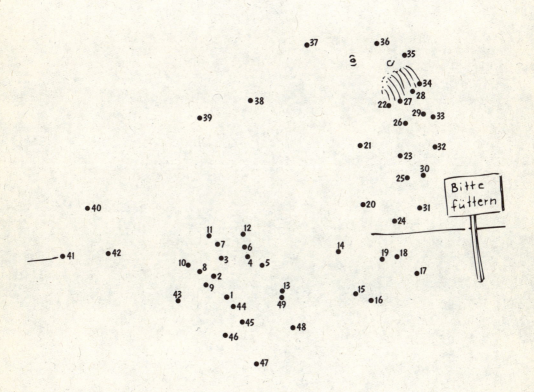

Beim **Baden am Meer** ist wahnsinnig viel los.

Den Kindern macht das besonders **Spaß**.

Doch **wer** gehört hier eigentlich nicht dazu?

Lösung: *Die Nixe und der Schneemann.*

☼ AB 🐱 cD 🐦 431 👧 56Y 👁 OP ⛵ NJ ❋

Findest du die sieben **Veränderungen** im unteren Bild?

Lösung:
1. Auf dem Schild fehlt ein Ö-Punkt, 2. von der linken Haarschleife des Mädchens fehlt ein Teil, 3. am Topf links von der Frau fehlt der Knopf am Deckel, 4. der Teekanne ganz rechts fehlt der Henkel, 5. dem Schild rechts fehlt eine Schnur, 6. die Verkäuferin hat schwarzes Haar, 7. der Krug unten links hat einen Griff.

Ewiges Labyrinth

Einer der zentralen weißen Punkte dient als Ausgangspunkt. Der andere wird zum Endpunkt, wenn du den richtigen Weg gefunden hast.

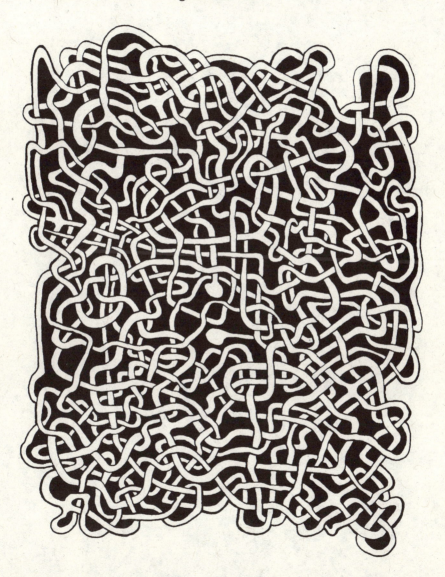

Doppel-Wort

Hier wurden Begriffe gezeichnet, die aus zwei Wörtern zusammengesetzt sind. Erkennst du sie?

Lösung: Denkmalschutz

Lösung: Schlüsselbein

Gitter-Rätsel

Tragt die Wörter, die zu den Bildern passen, bei den gleichen Zahlen in die Kästchen ein. Ob waagerecht oder senkrecht – das müsst ihr entscheiden.

Lösung: 1. Zauberer, 2. Sockel/Sofa, 3. Zentner, 4. Schublade, 5. Ara, 6. Leierkasten/Lok, 7. Iltis, 8. Kater, 9. Aster.

Wer weiß es?

Nadine und Theresa sind **Schwestern** und sehen einander sehr ähnlich. Beide haben am selben **Tag** Geburtstag und sind im selben **Jahr** geboren. Dennoch sind sie keine **Zwillinge**. Warum nicht?

Lösung: Sie haben noch eine Schwester, die am selben Tag und im selben Jahr wie sie geboren wurde, sind also Drillinge.

!!!

Ein Herr bestellt in einem **Gasthaus** ein merkwürdiges **Menü**. Eine Portion **rückwärts** und einmal quer durch den **Garten**. Was wollte er essen?

Lösung: Krebs und gemischten Salat.

!!!

Vier Kinder radeln um die Wette. **Paul** fährt langsamer als **Sven** und **Holger**, Sven fährt langsamer als Holger, aber nicht so langsam wie **Matthias**. Wer fährt am **schnellsten**?

Lösung: Holger.

Ausmalbild

Zwei Freunde, mit denen man durch dick und dünn gehen kann, sind eine tolle Sache. Wenn ihr das Bild noch farbig anmalt, gefällt es dem Trio gleich noch besser.

Buchstabensalat

In dieser Grafik sind englische und deutsche Wörter versteckt. Sie können in jede Richtung laufen, auch diagonal, rückwärts oder von unten nach oben.

AST, AUF, BIG, DAS, EGG, EIS, ERBSE, ETWA, EVA, FEE, FREITAG, FROSCH, HAI, HASE, HIMBEERE, HIT, KUH, LANG, LESE, MAJA, NEST, NEU, NIE, NOT, ONE, PARIS, PLZ, SAU, STIER, TEIG, UND, WEG, WEST, YES, ZOPF, ZUG, ZWERGE.

S	A	D	P	U	G	H	A	I	F	T	W
A	Z	W	E	R	G	E	V	R	I	K	F
U	T	N	P	R	E	F	E	H	N	M	B
F	C	O	Y	U	B	I	R	I	Z	A	E
R	J	L	N	E	T	S	E	W	U	J	T
O	P	D	A	A	S	T	E	I	G	A	W
S	Q	K	G	N	F	I	E	S	S	E	A
C	U	T	I	N	G	E	I	L	G	E	A
H	I	M	B	E	E	R	E				
F	P	O	Z	H	A	S	E				
W	O	W	L	P	E	N	T				
H	M	R	P	X	O	Z	E				

Ratefuchs

Lösung: Der Löwe kommt aus Afrika.

Lösung: Schatten.

Lösung: Schatten Nr. 5.

Punktmalrätsel

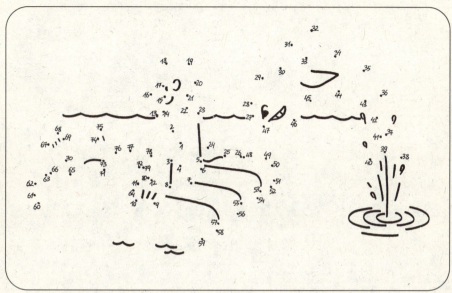

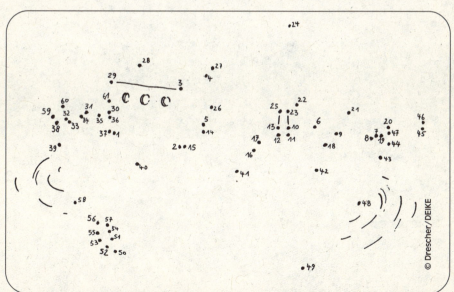

Mammutjagd

Wilde Kerle springen hier herum. Allerdings gab es etwas in der Steinzeit noch nicht, was auf diesem Bild zu sehen ist. Tragt die Lösung in die Kästchen ein.

Lösung: Mit Sicherheit haben die Steinzeitmenschen noch keine Brille getragen.

Fette Beute

Man muss schon genau hinsehen, aber hier haben sich beim Kopieren neun Fehler eingeschlichen.

Lösung: 1. Der Bommel am Hut des Fahrers sieht anders aus, 2. die Brille des Beifahrers ist schwarz, 3. am Lenkrad fehlt in der Mitte ein Stück, 4. die Naht am Sack ist schwarz, 5. an der Rückenlehne des Sitzes fehlt ein Stück, 6. die Schwanzfeder des Vogels ist anders, 7. links fehlt ein Stein, 8. rechts ist einer schwarz und 9. das Trittbrett hat Rillen.

Seehundfütterung

Unten wartet schon einer sehnsüchtig auf seine Mahlzeit. Welchen Weg nimmt der Fisch, um genau beim Seehund anzukommen?

Junge Küken

Auf dem Bauernhof hat es Nachwuchs gegeben. Der Bauer würde gerne wissen, wie viele Küken geschlüpft sind, aber sie bleiben einfach nicht ruhig sitzen und er muss immer wieder von vorne beginnen. Kannst du ihm beim Zählen helfen?

Lösung: *Es sind 22 Küken.*

Kreuzwort-Rätsel

Einfach die Begriffe für die Bilder bei der entsprechenden Zahl eintragen. Viel Spaß!

Lösung: 1. Giraffe, 2. Bueste, 3. Elch, 4. Zwerg, 5. Geld, 6. Fischer, 7. Bart, 8. Kaefig, 9. Fuchs, 10. Fass.

Stadt Land Fluss

Stadt	Land	Fluss	Vorname	Tier

Stadt	Land	Fluss	Vorname	Tier

Ausmalbild

Das ist ein lustiges Bild zum Ausmalen. Übrigens, wie viele Fische tummeln sich hier im Wasser?

Lösung: *Es sind 12 Fische.*

Buchstabensalat

In dieser Grafik sind englische und deutsche Wörter versteckt. Sie können in jede Richtung laufen, auch diagonal, rückwärts oder von unten nach oben.

AHORN, ALT, BOOT, EDAMER, EIS, ENTE, ERLE, EVA, GARAGE, GELB, GLAS, HER, HIMBEERE, HOT, KAIN, KUH, LEGO, LIED, LONG, MUND, NOAH, NUDELN, OBEN, OMA, OPA, ORT, PONY, RAHM, SHE, SKY, SMALL, STEUER, TRAENE, UHR, USA, WEG.

S	S	X	B	A	A	W	H	R	A	E	P
S	I	I	L	K	M	Y	E	H	P	G	H
T	T	T	E	I	O	M	O	U	O	A	E
E	R	O	G	H	A	R	E	H	O	R	I
U	O	A	O	D	N	U	M	N	I	A	K
E	R	E	E	B	M	I	H	V	T	G	N
R	V	L	E	N	U	D	E	L	N	E	C
S	R	A	H	M	E	I	H	O	T	W	Q
E	M	S	S	I	E	Y	B				
F	K	A	L	U	N	E	Q				
Y	U	L	L	O	N	G	D				
G	H	G	P	L	L	D	X				

Rebus

Lösung: Unterwasserkamera

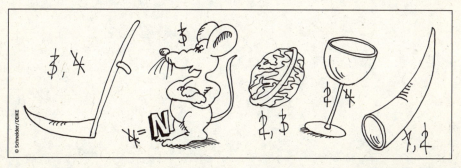

Lösung: Seemannsgarn

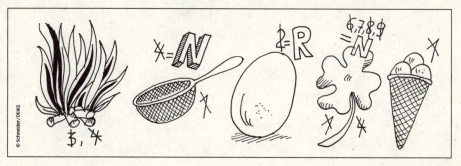

Lösung: Ferienerlebnis

Punktmalrätsel

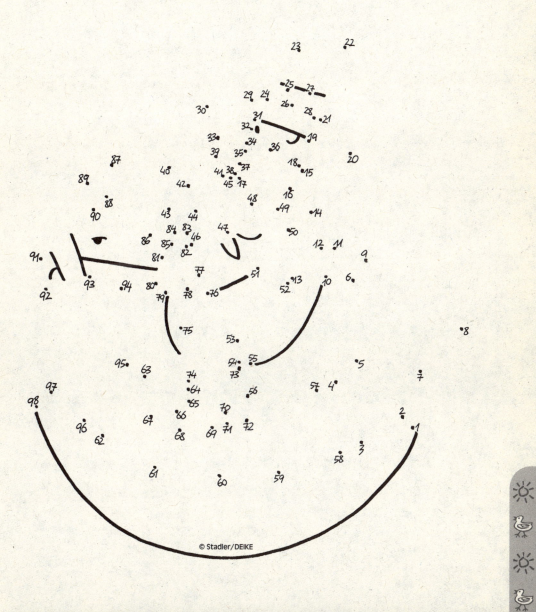

© Stadler/DEIKE

Post von Dominik

Dominik hat sich viel Mühe gegeben und einen schönen Brief geschrieben. An wen? Schau dir das Bild genau an!

Lösung: Opa bekommt einen Brief.

☼ A B ♥ C D 🐦 4 3 1 👧 5 6 Y 🐶 O P ⛵ N J ❀

Puzzle

Schneide die Puzzleteile aus und lege sie so zusammen, dass sich daraus ein Bild ergibt.

Der **Schlangenbeschwörer** hat 4 Schlangen, aber nur eine bewegt sich zu seinem Flötenspiel.

Lösung: *Schlange 3*

Welche zwei **Figuren** sind gleich?

vogelbacher

Lösung: B und K

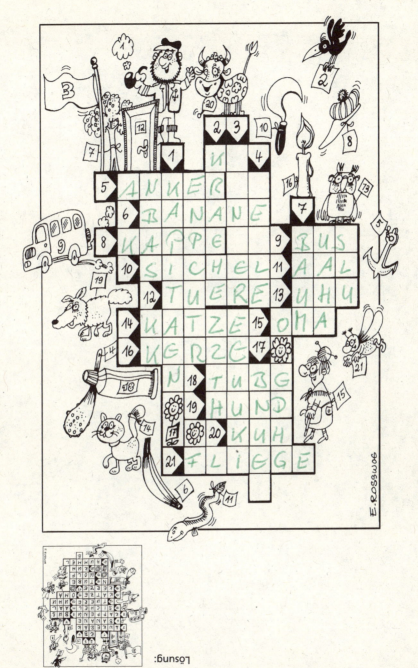

Lösung:

Stadt	Land	Fluss	Vorname	Tier

Stadt	Land	Fluss	Vorname	Tier

☀ AB CD 🐦 431 56Y OP NJ ❁

Könnt ihr die beiden **Papageien** so bunt malen, dass alle Farben stimmen?

In jedem Feld steht eine Zahl. Die Zahl sagt euch die Farbe:
1 = rot, 2 = gelb, 3 = grün, 4 = blau, 5 = weiß, 6 = schwarz, 7 = braun.

Buchstabensalat

In dieser Grafik sind die unten stehenden Wörter zu finden. Sie können in jede Richtung laufen, auch diagonal, rückwärts oder von unten nach oben.

AHORN / ARCHE / AUF / AUGEN / AUTO / DAY / EGG / ERDE / ERLE / ETWA / EURO / EVA / FANGEN / FLUT / GRUEN / HALT / HEUTE / HEXE / IGEL / KRIEG / LILA / LONG / MAJA / MASERN / MINI / NASE / NEU / OMA / ONE / OPA / PILZ / RAHM / REGEN / ROSA / ROT / STOP / TAG / TOPF / TRINKEN / UHR / UNDER / UNFUG / USA

N	E	G	U	A	L	I	L	D	G	Q	I
O	A	V	V	N	R	O	H	A	T	F	N
T	N	S	A	U	F	E	E	A	U	P	I
C	O	E	E	L	J	U	G	B	L	O	M
L	A	R	K	O	N	F	G	E	F	T	E
Y	D	F	A	N	G	E	N	K	N	S	H
E	A	L	E	G	I	E	U	H	R	U	C
X	M	D	A	S	O	R	I	R	C	N	R
E	T	U	E	H	T	L	T	R	G	D	A
H	A	T	O	R	U	E	U	O	K	E	H
P	W	V	P	M	A	S	E	R	N	R	M
A	T	R	A	J	A	M	O	P	I	L	Z

Lösung:

Ratefuchs

Lösung: 1 – C (England), 2 – A (Holland), 3 – B (Frankreich).

Lösung: Die Dahlie blüht nur im Spätsommer und im Herbst.

Lösung: Es fehlen im rechten Bild: 1. Sonnenstrahl links oben, 2. Kirchturmfenster unten, 3. Zweig am Baum rechts unten.

LUSTIGES PUNKTRÄTSEL

Master Mind

Findet die richtige Farbenreihe. In den ersten fünf Reihen sind alle Farben vorgegeben. Die sechs Spielfarben sind: grün, rot, gelb, blau, schwarz und weiß. Die Lösung kann jede mögliche Kombination aus diesen sechs Farben sein. Eine Farbe kann auch öfters vorkommen.

Die rechte Spalte „Chiffrierstifte" hat folgende Bedeutung: ein schwarzer Stift (S) zeigt an, dass sich eine richtige Farbe an der richtigen Position befindet. Ein weißer Stift (W) bedeutet: die richtige Farbe, aber an der falschen Position. Ein Punkt (.) = kein Stift, d. h.: falsche Farbe. Mit Hilfe der ersten fünf Reihen könnt ihr die sechste Reihe erraten.

Codestecker				Chiffrierstifte
Schwarz	Schwarz	Blau	Rot	S...
Schwarz	Blau	Grün	Schwarz	WW..
Rot	Weiß	Blau	Schwarz	SS..
Schwarz	Grün	Blau	Gelb	WS..
Weiß	Weiß	Rot	Grün	SSS.
				SSSS

Codestecker				Chiffrierstifte
Grün	Weiß	Schwarz	Blau	WW..
Schwarz	Blau	Rot	Weiß	SW..
Schwarz	Schwarz	Grün	Gelb	S...
Blau	Blau	Schwarz	Schwarz	SS..
Grün	Gelb	Weiß	Blau	WWS.
				SSSS

Lösung: 1. weiß, weiß, blau, grün. 2. blau, blau, weiß, gelb.

Findest du die acht Veränderungen im unteren Bild!

Lösung:
1. Stern in der rechten Hälfte des Bildes, 2. Schwanz des kleinen Vogels, 3. Punkt am Pullover, 4. Stern links unten, 5. Fransen am Schal, 6. Flügel der Krähe, 7. rechtes Ohr, 8. Bommel am Handschuh.

Welche **beiden Figuren** sind gleich?

Lösung: 1C und 5B

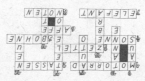

Lösung:

☼ A B ✿ C D 🐦 4 3 1 👧 5 6 Y ⛵ O P ⛵ N J ❋

Schiffe versenken

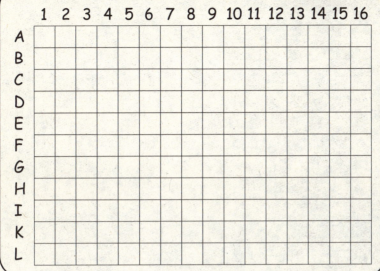

Spieler 1

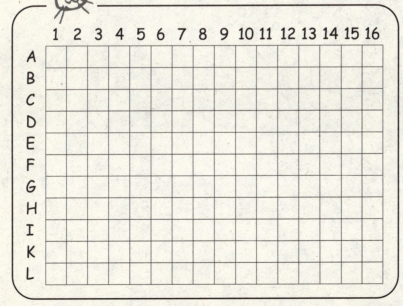

Jeder Spieler hat gleich viele Schiffe. Die Schiffe sind unterschiedlich lang. Z.B. 2 Schiffe über 2 Kästchen, 4 Schiffe über 3 Kästchen ... Das bestimmt ihr selbst. Die Schiffe können waagerecht und senkrecht liegen. Jeder Spieler verteilt seine Schiffe auf dem oberen Feld, so dass der andere sie nicht sieht. Jetzt ratet ihr gegenseitig, wo sich die Schiffe des anderen befinden. Spieler 1 fragt z.B.: „B4"? ...

Fortsetzung nächste Seite

Schiffe versenken

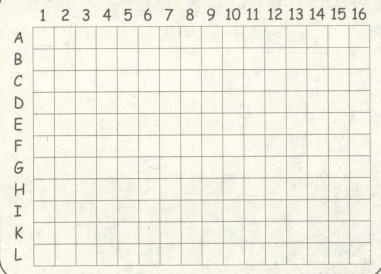

Sitzt auf B4 kein Schiff, antwortet Spieler 2 mit: „Wasser" und zeichnet an der Stelle ein Kreuz ein, Spieler 1 zeichnet auf seiner unteren Fläche ebenfalls ein Kreuz ein. Ist dort aber ein Schiff, sagt man: „Treffer" und zeichnet einen Punkt ein. Bei Treffer darf man so lange weiterfragen, bis der andere wieder „Wasser" sagt. Gewonnen hat, wer zuerst alle Schiffe versenkt hat.

Hier kannst du ein **Bild** unter die Sonne und die Wolken malen.

Wie viele **Hände** sind hier zu sehen?

Lösung: Es sind insgesamt 24 Hände.

Verbinde die Punkte!
Viel Spaß dabei!

Fröhliches Beruferaten

Ein Kind denkt sich einen Beruf aus und versucht, diesen mit typischen Handbewegungen und Gesten darzustellen, ohne ein Wort zu sprechen. Die Mitspieler müssen den gespielten Beruf erraten. Hat ein Mitspieler richtig getippt, kommt er an die Reihe und darf sich einen Beruf ausdenken.

Wer findet die 7 Unterschiede?

Lösung: Blüte ganz oben, Blüte ganz unten, Augen, Punkt ganz links, Schnurrbarthaar, Falte auf der Stirn, Schnauze.

Acht **freche Katzen** wollen die Maus zum Spielen einladen. Aber wer kommt wirklich bei ihr an?

Lösung: Die Katze mit der Nummer sechs.

Kennst du eigentlich alle deutschen Bundesländer?

Lösung:

- BAYERN – München
- BADEN-WÜRTTEMBERG – Stuttgart
- SAARLAND – Saarbrücken
- RHEINLAND-PFALZ – Mainz
- HESSEN – Wiesbaden
- THÜRINGEN – Erfurt
- SACHSEN – Dresden
- NORDRHEIN-WESTFALEN – Düsseldorf
- SACHSEN-ANHALT – Magdeburg
- BRANDENBURG – Potsdam
- BERLIN
- NIEDERSACHSEN – Hannover
- BREMEN
- HAMBURG
- SCHLESWIG-HOLSTEIN – Kiel
- MECKLENBURG-VORPOMMERN – Schwerin

Gitter-Rätsel

Lösung: IGEL, LOEWE, ELEFANT, TULPE, ELF, FISCH, HUND, DRACHE, ESEL.

Käsekästchen

Dieses Spiel könnt ihr zu zweit oder mit mehreren Kindern spielen. Die karierte Fläche ist das Spielfeld (es kann natürlich auch kleiner gemacht werden). Der erste Spieler zieht nun eine Seitenwand eines Quadrats nach, darauf folgt der zweite. Wer es schafft, die letzte Seite eines Quadrats zu schließen, darf es mit seinem Symbol (z. B. Kreis oder Kreuz) kennzeichnen und einen weiteren Strich malen. Wer am Schluss die meisten Kästchen mit seinem Symbol hat, ist Sieger.

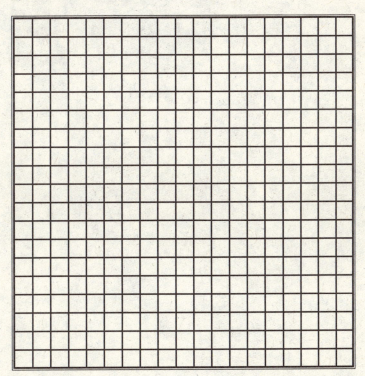

Fridolin spielt mit seinen beiden Mäuse-Freunden.
Ihr könnt sie bunt *ausmalen!*

Buchstabensalat

In dieser Grafik sind die unten stehenden Wörter zu finden. Sie können in jede Richtung laufen, auch diagonal, rückwärts oder von unten nach oben.

ABEL / AMEN / ARMUT / BIBEL / BLEI / EBER / EICHE / ERBSE / ERLE / ETWA / FEE / GLUEHLAMPE / HER / HERBST / HEU / HIT / JULI / LID / MEER / MORITZ / OBER / OFEN / OHREN / OPA / ORT / OST / PACHT / RICH / ROSA / ROT / SEHRGUT / SHE / STUNDE / TEER / TRE / TWO / UHR / USA / WEISS

N	T	X	D	Y	N	N	W	Q	M	A	U
S	C	I	I	R	S	E	E	C	G	E	S
E	L	R	E	E	E	H	F	M	H	D	T
O	K	E	L	P	U	B	E	O	A	W	U
A	P	J	B	M	A	S	O	R	E	M	N
R	O	A	U	A	O	D	A	I	B	F	D
M	X	W	C	L	E	O	S	T	E	S	E
U	E	T	T	H	I	S	O	Z	R	O	T
T	F	E	C	E	T	U	B	I	B	E	L
R	R	I	R	U	A	O	H	R	E	N	H
T	E	O	E	L	H	C	I	R	E	U	C
S	E	H	R	G	U	T	T	X	F	X	B

Lösung:

Rebus

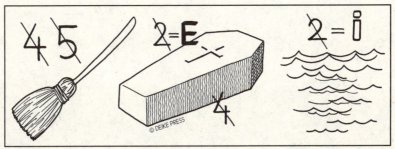

Lösung: BESSERWISSER

Lösung: HEUTE SO UND MORGEN SO

Lösung: NICHTS BLEIBT WIE ES IST

Was versteckt sich hier? Verbinde die Punkte!

Stadt	Land	Fluss	Vorname	Tier

Stadt	Land	Fluss	Vorname	Tier

Steinzeitmensch **Steinchen** möchte mit Rhino im Zirkus auftreten, sie haben viel Spaß beim Training. Mal die beiden farbig an und denk dir eine Geschichte zu dem Bild aus.

Welche Nummer hat Lenchens Sparbuch?

Lösung: Die Nummer ist: 137.642

Wie viele **Mäuse** tummeln sich hier?

Lösung: Es sind 30 Mäuse auf diesem Bild zu sehen.

Streiche die gesuchten **Wörter** ab, jede Richtung ist möglich!

Lösung:

Gesucht werden Comic-Figuren

Der Gesuchte spielt als „Teamchef" mit Hingabe Baseball und gehört zu einer Gruppe von Kindern, den „Erdnüssen". Darunter sind ein Klavier spielender Junge, Linus mit der Schmusedecke, ein Mädchen, das viel von Psychologie versteht und ein Hund, den er häufig als „blöden Beagle" bezeichnet. Wer ist das?

Lösung: *Charly Brown*

Gesucht wird eine Comic-Figur, die von Walt Disney erfunden wurde. Als listiger, geschäftstüchtiger und geiziger Onkel von Donald Duck ist er weltweit allen Comic-Fans bestens bekannt. Noch ein Tipp: Er liebt es in Geld zu baden! Wer ist hier gemeint?

Lösung: *Dagobert Duck*

Steinzeitmensch **Steinchen** übt mit seinem Freund, dem Adler, das Fliegen. Mal die beiden bunt an.

Buchstabensalat

In dieser Grafik sind die unten stehenden Wörter zu finden. Sie können in jede Richtung laufen, auch diagonal, rückwärts oder von unten nach oben.

ALT / APFEL / ASS / BIG / BULLE / DAY / DROSSEL / DUE / EIER / EIS / ERLE / EVA / FLUT / GEISSLEIN / GENUG / GLAS / GUT / HEU / KURZ / LANG / LIED / LIGA / MAERZ / MAGEN / MOND / NEIN / NEU / NIE / NOT / NUDELN / ONE / OPA / ORT / RABEN / RAHM / SAU / SHE / SUED / SUN / TRESOR / UNO / VIOLINE / YES

F	D	D	A	Z	D	J	Z	T	B	V	T
X	L	V	R	R	U	R	R	G	M	I	U
H	E	U	A	O	E	O	E	U	H	O	G
O	K	B	T	A	S	I	A	E	A	L	T
Y	E	S	M	E	S	S	E	N	R	I	M
N	N	R	R	S	F	S	E	U	Z	N	Y
H	I	T	L	T	O	M	N	L	I	E	D
S	H	E	E	E	O	O	N	E	L	S	A
J	I	S	N	G	U	N	E	G	A	U	Y
N	S	S	U	N	U	D	E	L	N	E	B
E	A	P	F	E	L	I	G	A	G	D	I
A	P	O	S	Y	S	B	M	A	G	E	N

Lösung:

Ratefuchs

IN DIESEM GEWIRR VON LUFTSCHLANGEN KENNT SICH NUN WIRKLICH KEINER MEHR AUS! ODER DOCH? VERSUCHT DOCH MAL HERAUSZUBEKOMMEN, WELCHER ANFANG ZU WELCHEM ENDE, ALSO WELCHER BUCHSTABE ZU WELCHER ZAHL GEHÖRT.

Lösung: A–2, B–1, C–3, D–4.

ENDLICH WIEDER FRÜHLING, UND SCHON GEHT'S IN DEN ZOO. DIE TIERE, DIE IHR HIER SEHT, HABEN ALLE ETWAS GEMEINSAM, — BIS AUF EINES. WELCHES TIER IST DAS WOHL?

Lösung: Alle Tiere kommen aus Afrika – bis auf den Tiger, der gehört nach Asien.

ALSO, EIN EXPERTE WAR DAS NICHT GERADE, DER DIE BEZEICHNUNGSSCHILDER ZU DEN EINZELNEN PILZEN GESTELLT HAT! KÖNNT IHR DIE SCHILDER DEN RICHTIGEN PILZEN ZUORDNEN?

Lösung: 1. Steinpilz, 2. Pfifferling, 3. Fliegenpilz, 4. Reizker, 5. Parasolpilz.

Verbinde die *Zahlen* miteinander und mal mich bunt an!

Dschungel-Reise

Wir machen eine Reise in den Dschungel.
Was findet ihr auf der Reise und welchen Tieren begegnet ihr hier?

Das erste Kind fängt an:

„Ich bin im Dschungel
und sehe einen Löwen."

Das zweite Kind sagt:

„Ich bin im Dschungel
und sehe einen Löwen und
eine Kokosnuss."

Jeder muss die Begriffe aller Mitspieler richtig wiederholen
und einen eigenen hinzufügen. Wer bei der Aufzählung
einen Fehler macht, scheidet aus. Das geht so lange,
bis es einen Sieger gibt.

Wie viele **Gespenster** und andere furchterregende Wesen sind im Spukschloss unterwegs?

Lösung: Sieben Gespenster, eine Hexe, ein Totenkopf und ein Skelett.

Ritter Kunibert will Prinzessin Tausendschön aus dem Verlies retten. Welcher Weg führt sicher zu ihr?

Lösung: Der Ritter reitet in Wegrichtung nach rechts und kommt in die linke untere Bildecke, wo er die Schlange umgeht. Bei der Schlangenzunge zweigt er zweimal nach links, und unterhalb der hässlichen Kröte noch einmal nach links. Dann vermeidet er einige Sackgassen und kommt wohlbehalten bei der Prinzessin an.

Fünf Herren haben ihre Hüte verloren.
Weißt du, wem welcher Hut gehört?

Lösung: 1-c, 2-e, 3-b, 4-a, 5-d.

Lösung:

Käsekästchen

Dieses Spiel könnt ihr zu zweit oder mit mehreren Kindern spielen. Die karierte Fläche ist das Spielfeld (es kann natürlich auch kleiner gemacht werden). Der erste Spieler zieht nun eine Seitenwand eines Quadrats nach, darauf folgt der zweite. Wer es schafft, die letzte Seite eines Quadrats zu schließen, darf es mit seinem Symbol (z. B. Kreis oder Kreuz) kennzeichnen und einen weiteren Strich malen. Wer am Schluss die meisten Kästchen mit seinem Symbol hat, ist Sieger.

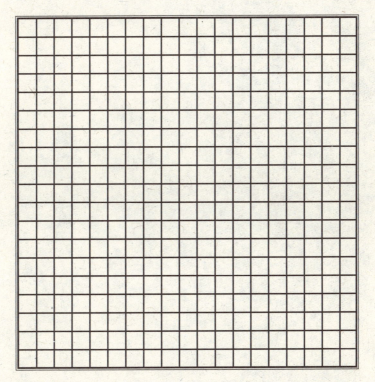

Adlerauge verschickt Rauchzeichen.
Malt ihm ein Bild in die Wolke.

Buchstabensalat

In dieser Grafik sind die unten stehenden englischen Wörter zu finden. Sie können in jede Richtung laufen, auch diagonal, rückwärts oder von unten nach oben.

BOOK / BOWL / BULL / CAKE / CHOCOLATE / COLD / COW / DONKEY / DOOR / DUCK / EAGLE / EGG / FIRE / FISH / FLY / FRIDGE / GOOSE / HORSE / IRON / KEY / LION / MEAT / ONION / PAN / PENCILCASE / ROOF / SHIP / SUN / TABLE / TENT / TREE / WATCH

Q	F	H	N	E	N	S	H	I	P	L	F
R	B	U	O	S	N	G	T	E	W	L	R
O	S	Q	I	R	O	Y	N	O	Q	U	I
T	N	S	L	O	R	C	B	A	E	B	D
A	F	I	S	H	I	D	I	T	P	M	G
G	Q	E	O	L	O	E	A	T	R	E	E
I	W	O	C	N	E	L	F	O	O	R	A
R	R	A	K	O	O	B	D	O	O	I	G
F	S	E	T	C	K	A	F	O	K	F	L
E	Y	E	O	C	A	T	D	A	G	E	E
R	N	H	U	X	H	K	M	G	F	L	Y
T	C	D	L	O	C	D	E	M	E	A	T

Lösung:

Rebus

Lösung: Streichholzschachtel

Lösung: Wanderheuschrecke

Lösung: Komm in meine Liebeslaube

Viel Spaß beim Verbinden der **Punkte!**

Stadt	Land	Fluss	Vorname	Tier

Stadt	Land	Fluss	Vorname	Tier

In jeder Reihe unterscheidet sich ein **Tier** von den übrigen dreien.

Lösung:
1. Reihe: Der vierte Bär hat eine Hose an, die anderen nicht.
2. Reihe: Der zweite Kater hat eine Krawatte an, die restlichen eine Fliege.
3. Reihe: Der dritte Frosch hat kein Sportgerät.

Urwaldforscher Franz Flintenschuss möchte gern zu seinem Kanu. Doch wenn er den falschen Weg wählt, trifft er auf den **Löwen** Leckerschmecker. Könnt ihr ihm helfen?

Lösung: Der Forscher muss zuerst rechts einbiegen, nach oben, dann führt der Weg in großem Bogen über dem Löwen hinweg in vier Serpentinen nach unten, in vier Windungen nach außen.

Eine ganze **Elefantenherde** ist hier unterwegs. Wir haben daraus ein Puzzle gemacht. Wenn ihr die Teile zusammensetzt, wie viele Elefanten zählt ihr dann?

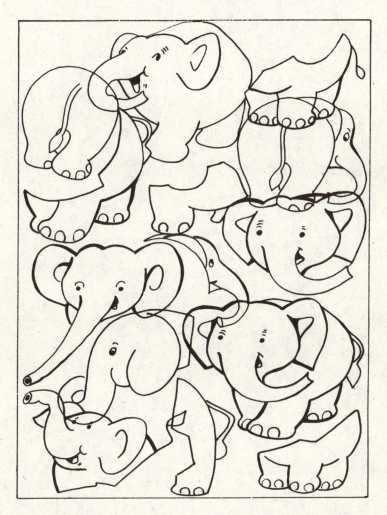

Lösung: *Es sind sechs Elefanten.*

Perlen-Rätsel

Hier könnt ihr die Bedeutung der Bilder in die Kreise eintragen. Der Endbuchstabe eines Wortes bildet zugleich den Anfang des folgenden Wortes. Zum Schluss findet ihr das Lösungswort, indem ihr die Buchstaben in den Kreisen mit den Kleinbuchstaben zusammensetzt.

Lösung: 1. Mandoline, 2. Elefant, 3. Tube, 4. Eber, 5. Rose, 6. Eiffelturm, 7. Müller, 8. Ring, 9. Gespenst – URLAUBSREISE

Herr Krause ist ein leidenschaftlicher Angler. Versucht herauszufinden, was er als Köder an seinem Angelhaken hat. Die Anfangsbuchstaben der Dinge, die der Angler im Arm und in den Händen hält, ergeben zusammengesetzt die Lösung.

Lösung: Tasse, Eieruhr, Igel, Geige = Teig

Schneidet die Kärtchen aus und malt sie bunt an.
Jetzt könnt ihr immer wieder neue,
lustige Fantasie-Tiere zusammenlegen.

Welche zwei **Figuren** sind gleich?

A B C D
E F G H
I J K L

Lösung: A und L

Ratefuchs

Jetzt kommen langsam wieder kühlere Tage. Aber zu Hause kann man ja auch schön spielen, wenn es mal regnet. Könnt ihr mir sagen, aus wie vielen Bauklötzen dieses Gebilde besteht? Aber Vorsicht, ihr müsst natürlich auch die mitzählen, die verdeckt sind.

Lösung: Es sind genau 50 Bauklötze.

Bei diesem Wind würde ich gerne meinen Drachen steigen lassen, weiss aber nicht, welche der drei Schnüre zum Drachen gehört. Könnt ihr mir helfen?

Lösung: Der Drachen hängt an der Schnur B.

Wenn einer eine Reise tut...! Könnt ihr mir sagen, aus welchen Städten ich gerade komme? Ihr müsst euch nur die Gebäude gut anschauen, dann wisst ihr es bestimmt!

Lösung: A-Rom, B-Brüssel, C-Moskau.

Punktmalbild

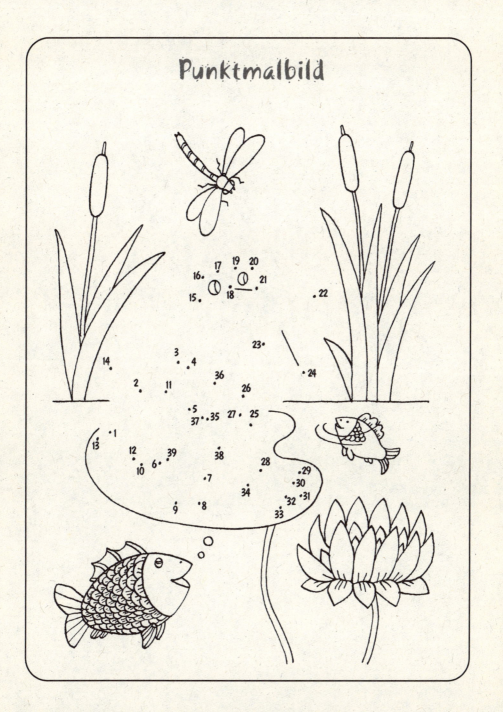

Käsekästchen

Dieses Spiel könnt ihr zu zweit oder mit mehreren Kindern spielen. Die karierte Fläche ist das Spielfeld (es kann natürlich auch kleiner gemacht werden). Der erste Spieler zieht nun eine Seitenwand eines Quadrats nach, darauf folgt der zweite. Wer es schafft, die letzte Seite eines Quadrats zu schließen, darf es mit seinem Symbol (z. B. Kreis oder Kreuz) kennzeichnen und einen weiteren Strich malen. Wer am Schluss die meisten Kästchen mit seinem Symbol hat, ist Sieger.

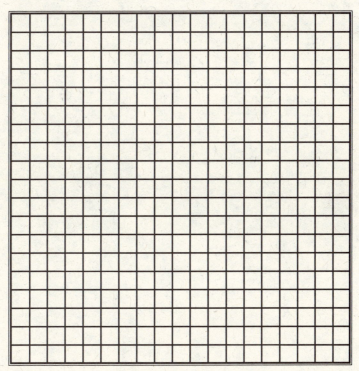

Hier seht ihr **Jo Bandit** und sein treues Pferd.
Erkennt ihr die einzelnen Teile im Bild unten?

Lösung: 1. Nase des Reiters, 2. Auge des Pferdes, 3. linkes Hinterbein des Pferdes, 4. Schnauze des Pferdes, 5. Nacken des Pferdes, 6. Mähne des Pferdes, 7. rechter Fuß des Reiters, 8. Hinterteil des Pferdes, 9. Trompete des Reiters, 10. Mütze des Reiters, 11. Wolke rechts oben, 12. Stein links unten, 13. rechtes Vorderbein des Pferdes, 14. Zaumzeug des Pferdes, 15. rechtes Vorderknie des Pferdes, 16. linkes Ohr des Pferdes.

Tom zeigt euch, wo gestartet wird, und dann gilt es, die Bilder zu durchwandern, um zu Lisa zu kommen. Ihr dürft kein Feld zweimal berühren! Merkt euch die Anfangsbuchstaben der Bilder, denn die ergeben zum Schluss das Lösungswort.

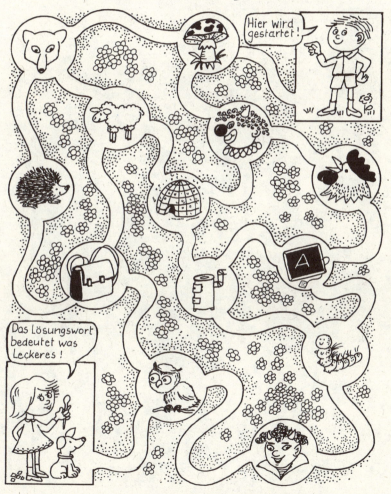

Lösung: *Folgenden Weg müsst ihr nehmen: Pilz, Fuchs, Igel, Ranzen, Schaf, Iglu, Clown, Hahn, Tafel, Ofen, Raupe, Teufel, Eule = Pfirsichtorte.*

Clown **Fridolin** macht Seifenblasen. Wie viele sind es?

Lösung: Es sind 48 Seifenblasen.

Lösung: 1. Katze, 2. Fallschirm, 3. Ananas, 4. Note, 5. Schleife, 6. Zelt, 7. Seil, 8. Schwein, 9. Regen, 10. Kamm.

Schiffe versenken

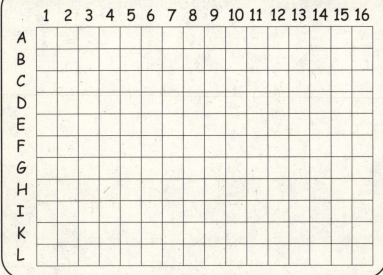

Spieler 1

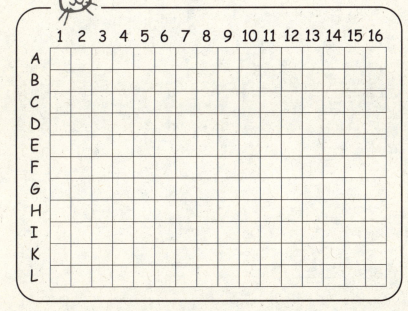

Jeder Spieler hat gleich viele Schiffe. Die Schiffe sind unterschiedlich lang. Z.B. 2 Schiffe über 2 Kästchen, 4 Schiffe über 3 Kästchen ... Das bestimmt ihr selbst. Die Schiffe können waagerecht und senkrecht liegen. Jeder Spieler verteilt seine Schiffe auf dem oberen Feld, so dass der andere sie nicht sieht. Jetzt ratet ihr gegenseitig, wo sich die Schiffe des anderen befinden. Spieler 1 fragt z.B.: „B4"? ... Fortsetzung nächste Seite

Schiffe versenken

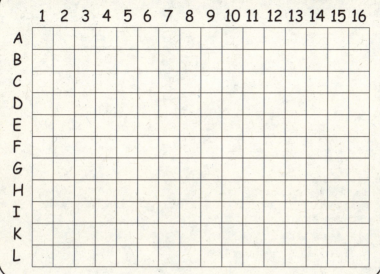

Sitzt auf B4 kein Schiff, antwortet Spieler 2 mit: „Wasser" und zeichnet an der Stelle ein Kreuz ein, Spieler 1 zeichnet auf seiner unteren Fläche ebenfalls ein Kreuz ein. Ist dort aber ein Schiff, sagt man: „Treffer" und zeichnet einen Punkt ein. Bei Treffer darf man so lange weiterfragen, bis der andere wieder „Wasser" sagt. Gewonnen hat, wer zuerst alle Schiffe versenkt hat.

Steinchen spielt mit seinem Freund, dem Nili.
Die beiden haben viel Spaß zusammen.
Doch noch fröhlicher sehen sie aus, wenn du sie bunt **anmalst**.

Buchstabensalat

In dieser Grafik sind die unten stehenden englischen Wörter zu finden. Sie können in jede Richtung laufen, auch diagonal, rückwärts oder von unten nach oben.

ANT / BALL / BEAR / BED / CAR / CHIMNEY / CLOCK / CUP / DESK / EAGLE / FIRE / FLY / FOX / HAM / HORSE / IRON / LAMP / LION / LOLLIPOP / MOUSE / ONION / PENCIL / PILLOW / SAW / SHIP / SHOES / SUN / TABLE / TRAIN / TREE / WARM / WORM

P	T	M	B	C	C	P	U	S	D	E	N
I	A	T	A	E	E	E	C	E	N	S	U
H	B	R	T	N	A	H	B	W	O	R	V
S	L	A	C	Z	I	R	O	N	I	O	N
Q	E	I	U	M	M	L	Q	P	L	H	A
W	L	N	N	L	L	L	C	O	B	K	P
A	K	E	R	I	F	A	L	P	Y	M	L
R	Y	S	P	E	X	B	O	I	A	E	S
M	U	S	E	O	H	S	C	L	S	A	W
N	R	R	F	D	C	P	K	L	F	G	A
J	T	O	E	S	U	O	M	O	C	L	E
A	V	J	W	C	Q	Z	E	L	T	E	Y

DP-1212_B-22

Lösung:

Rebus

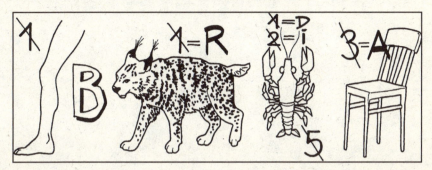

Lösung: EINBRUCHSDIEBSTAHL

Lösung: DIE LIEBE IST EINE HIMMELSMACHT

Lösung: DURCH MARK UND KNOCHEN

Verbinde die Zahlen miteinander!

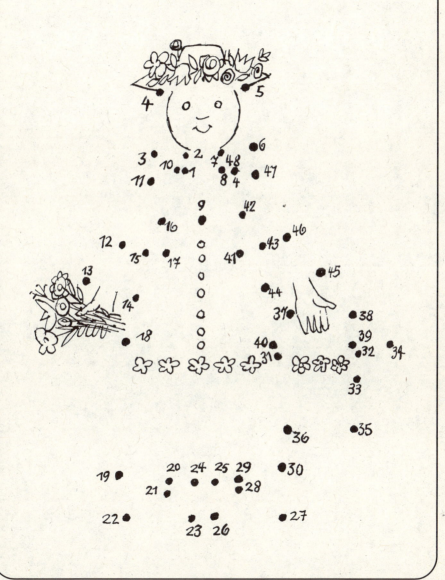

Ferien auf dem Bauernhof.
Achtung, einiges scheint hier nicht zu stimmen.
Es sind fünf Gegenstände die nicht zum Hof gehören.

Lösung: Fisch, Boot, Brille, Ball, Paket.

Alphabetspiel

Versucht mit den Dingen, die ihr um euch und draußen seht, das Alphabet zusammenzustellen.

Fangt zum Beispiel mit „Auto" an, jetzt muss ein Gegenstand gefunden werden, der mit „B" anfängt.

Wenn ein Spieler etwas findet, ruft er es laut.

Es wird beim nächsten Buchstaben weitergemacht.

Wer die meisten richtigen Wörter gefunden hat, hat gewonnen.

Heute ist **Gespenster-Party**. Was gehört alles dazu?
Der kleine Geist Harry wartet auf deine Ideen.

Buchstabensalat

In dieser Grafik sind die unten stehenden Wörter zu finden. Sie können in jede Richtung laufen, auch diagonal, rückwärts oder von unten nach oben.

ADAM / AHORN / ARCHE / AUF / AUGEN / AUTO / DAY / EGG / ERDE / ERLE / ETWA / EURO / EVA / FANGEN / FLUT / GRUEN / HALT / HEUTE / HEXE / IGEL / KRIEG / LILA / LONG / MAJA / MASERN / MINI / NASE / NEU / OMA / ONE / OPA / PILZ / RAHM / REGEN / ROSA / ROT / STOP / TAG / TOPF / TRINKEN / UHR / UNDER / UNFUG / USA

N	E	G	U	A	L	I	L	D	G	Q	I
O	A	V	V	N	R	O	H	A	T	F	N
T	N	S	A	U	F	E	E	A	U	P	I
C	O	E	E	L	J	U	G	B	L	O	M
L	A	R	K	O	N	F	G	E	F	T	E
Y	D	F	A	N	G	E	N	K	N	S	H
E	A	L	E	G	I	E	U	H	R	U	C
X	M	D	A	S	O	R	I	R	C	N	R
E	T	U	E	H	T	L	T	R	G	D	A
H	A	T	O	R	U	E	U	O	K	E	H
P	W	V	P	M	A	S	E	R	N	R	M
A	T	R	A	J	A	M	O	P	I	L	Z

Lösung:

Ratefuchs

Lösung: B

Lösung: Mauritius ist eine Insel im Indischen Ozean.

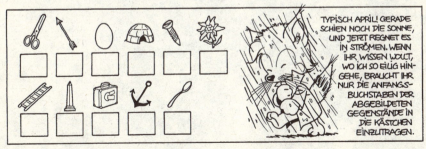

Lösung: SPEISELOKAL

Verbinde die Punkte!

Stadt	Land	Fluss	Vorname	Tier

Stadt	Land	Fluss	Vorname	Tier

Findet ihr die neun **Veränderungen** im rechten Bild?

Lösung: 1. Blatt (rechts oben), 2. linker Arm und 3. Finger des oberen Bären, 4. Ohr des Koala, rechts oben, 5. Nase des Bären (Mitte links), 6. Gesicht des Bären (rechts unten), 7. kleiner Ast (rechts unten), 8. Hinterpfote und 9. linker Arm des Koala links unten.

Familie **Pfeffersack** leidet unter Telefonitis. Findet heraus, wer mit wem telefoniert. Wer hat keinen Anschluss erreicht?

Lösung: 2 telefoniert mit 4, 3 mit 5 und 1 hat keinen Anschluss.

Gitter-Rätsel

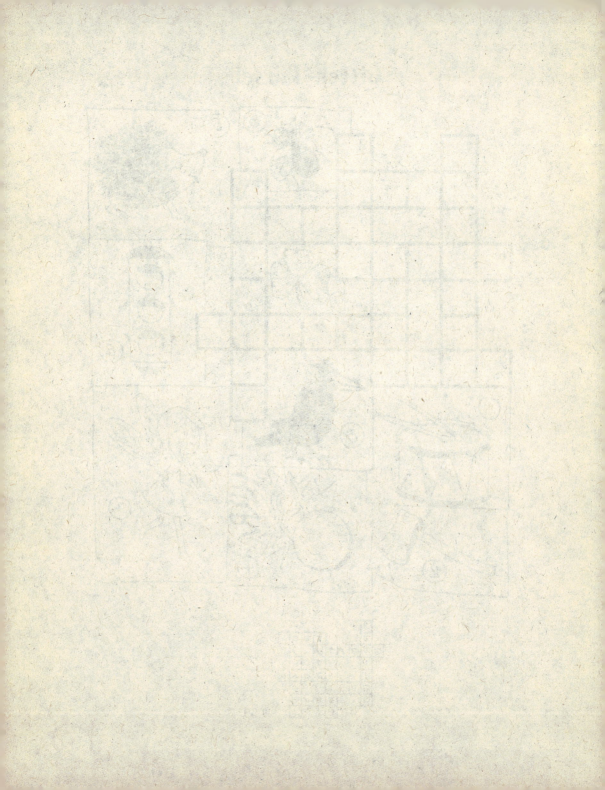

Dieses **Puzzle** zeigt einen vierbeinigen Freund des Menschen.
Schneide es einfach aus!

 Lösung:

Kunibert und seine Freunde können zaubern.
Schreibe Zaubersprüche und male verzauberte
Wesen in die Ballons.

Buchstabensalat

In dieser Grafik sind die unten stehenden englischen Wörter zu finden. Sie können in jede Richtung laufen, auch diagonal, rückwärts oder von unten nach oben.

ANT / AXE / BOOK / BULL / CAR / CAT / CLOUDS / COLD / CUP / DESK / DOG / EGG / HOUSE / KEY / LAMP / PAN / PEPPER / PIG / SHEEP / SHIRT / SKIRT / SOAP / SUGAR / SUN / TOWEL / TRAIN / TREE / WORM / ZIP

Y	Q	N	I	A	R	T	A	C	L	T	D
P	C	E	C	S	N	E	U	P	I	G	N
X	X	O	B	U	L	L	S	T	A	P	L
Z	L	R	H	G	L	H	N	U	R	O	D
D	I	E	K	A	I	A	S	T	O	E	S
T	D	P	M	R	O	S	P	R	N	H	E
S	F	P	T	E	D	E	C	I	C	A	R
J	K	E	S	U	D	E	S	K	D	T	Q
U	N	P	O	U	A	Y	H	S	O	W	M
X	J	L	M	P	N	X	E	W	D	O	G
K	C	Y	U	A	T	G	E	K	H	R	B
P	O	C	P	T	G	L	P	Z	B	M	O

Lösung:

Rebus

Lösung: MASCHENDRAHTZAUN

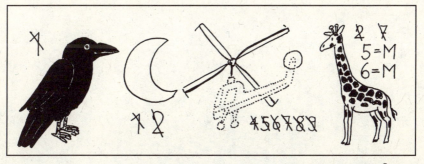

Lösung: ABENDPROGRAMM

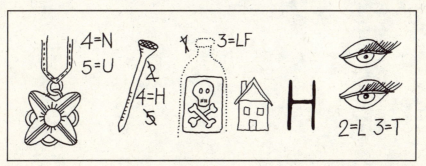

Lösung: ORDNUNG HILFT HAUSHALTEN

Verbinde die Zahlen!

Käsekästchen

Dieses Spiel könnt ihr zu zweit oder mit mehreren Kindern spielen. Die karierte Fläche ist das Spielfeld (es kann natürlich auch kleiner gemacht werden). Der erste Spieler zieht nun eine Seitenwand eines Quadrats nach, darauf folgt der zweite. Wer es schafft, die letzte Seite eines Quadrats zu schließen, darf es mit seinem Symbol (z. B. Kreis oder Kreuz) kennzeichnen und einen weiteren Strich malen. Wer am Schluss die meisten Kästchen mit seinem Symbol hat, ist Sieger.

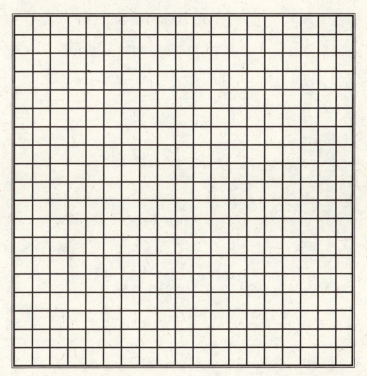

Knusper **Knäuschen**, wer knabbert an meinem Häuschen!
Wie viele Mäuse und wie viele Katzen haben sich hier versteckt?

Lösung: Es sind neun Mäuse und zwei Katzen.

Schwarz auf weiß

Welches schwarze Quadrat passt auf ein weißes Quadrat?

Lösung: B2 und E6

Jens und Kai sind leidenschaftliche Taucher, doch Jens hat eine Schwimmflosse verloren. Wer findet sie?

Lösung: Rechts unten zwischen rechter Schwimmflosse und Seegras.

Gitter-Rätsel zum Abstreichen

W	E	R	T	B	W	I
L	L	D	R	E	G	M
I	S	O	U	S	U	P
T	K	I	H	R	E	I
N	I	C	E	H	Z	N
N	T	G	S	B	R	S
O	I	U	E	N	E	E
T	M	B	O	E	U	L
E	U	A	N	K	E	R
T	G	L	I	C	F	H

Lösung:

✺ A B C D 🐦 4 3 1 🧍 5 6 Y 🐱 O P ⛵ N J ❀

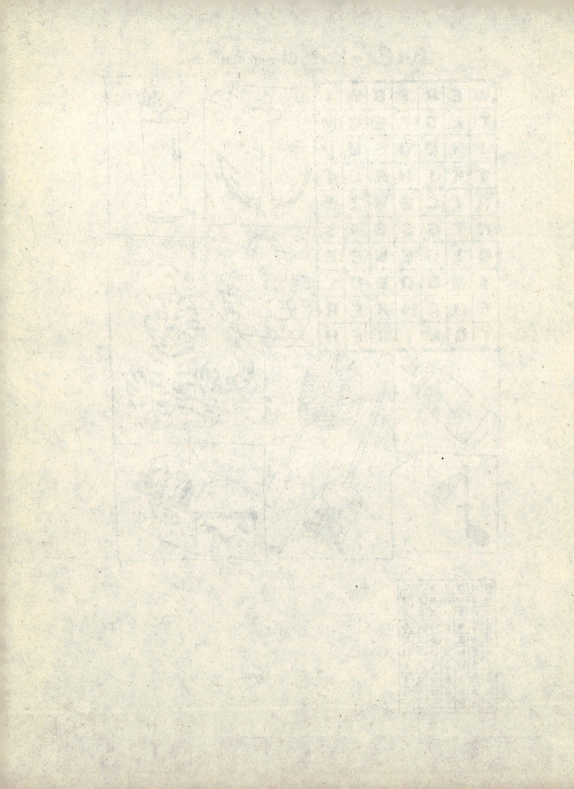

Master Mind

Findet die richtige Farbenreihe. In den ersten fünf Reihen sind alle Farben vorgegeben. Die sechs Spielfarben sind: grün, rot, gelb, blau, schwarz und weiß. Die Lösung kann jede mögliche Kombination aus diesen sechs Farben sein. Eine Farbe kann auch öfters vorkommen.

Die rechte Spalte „Chiffrierstifte" hat folgende Bedeutung: ein schwarzer Stift (S) zeigt an, dass sich eine richtige Farbe an der richtigen Position befindet. Ein weißer Stift (W) bedeutet: die richtige Farbe, aber an der falschen Position. Ein Punkt (.) = kein Stift, d. h.: falsche Farbe. Mit Hilfe der ersten fünf Reihen könnt ihr die sechste Reihe erraten.

Codestecker				Chiffrierstifte
Schwarz	Grün	Schwarz	Blau	S...
Schwarz	Rot	Schwarz	Grün	WW..
Blau	Grün	Schwarz	Gelb	SS..
Schwarz	Grün	Weiß	Rot	SW..
Rot	Blau	Grün	Gelb	SSS.
				SSSS

Codestecker				Chiffrierstifte
Schwarz	Grün	Rot	Gelb	WW..
Gelb	Grün	Schwarz	Schwarz	WS..
Rot	Blau	Schwarz	Grün	WS..
Schwarz	Blau	Grün	Weiß	SS..
Rot	Grün	Schwarz	Blau	WS..
				SSSS

Lösung: 1. rot, grün, gelb, gelb, 2. gelb, blau, grün, blau.

Hier siehst du Paul, den **Baseballspieler**, mit vielen Freunden. Mal sie bunt aus, dann kannst du genau sehen, welche Hobbys sie haben.

Bobbys Buchstabensuche

Im E-Muster auf Bobbys Mantel haben sich noch andere Buchstaben versteckt. Wer sie findet und richtig zusammenstellt, wird wissen, mit welchem Tier Bobby in die Manege geht.

Lösung: Hund

Ratefuchs

Lösung: Der Brückentorturm (Nr. 3) steht in Prag.

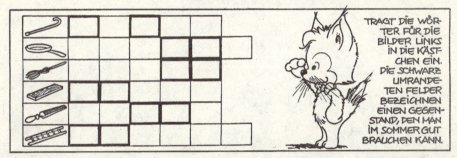

Lösung: Sonnenbrille

Lösung: Nr. 1

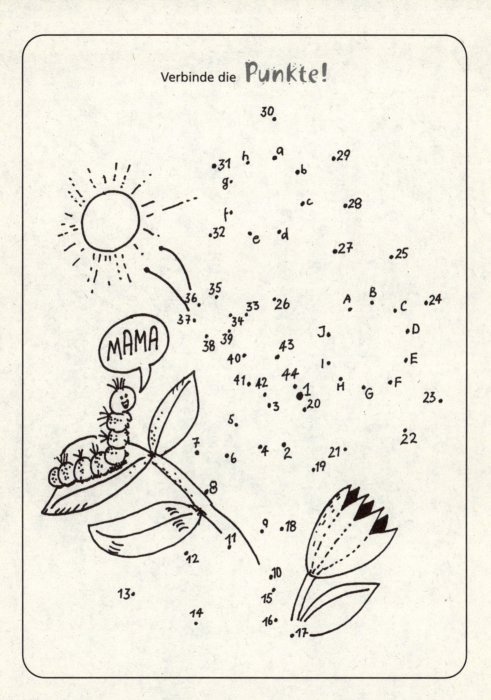

Stadt	Land	Fluss	Vorname	Tier

Stadt	Land	Fluss	Vorname	Tier

Fröhlich ist die **Narrenfahrt**, allerdings gibt es 8 Veränderungen, durch die sich die Bilder unterscheiden.

Lösung: 1. Hut des mittleren Clowns im Wagen, 2. Masken im unteren Teil des Wagens, 3. Hose des vorderen Clowns auf dem Traktor und 4. Hut desselben, 5. Blumen am Hut des linken Clowns, 6. Regenschirm, 7. Rad am Wagen, 8. Steuerrad.